Eschbacher Bibelhefte

Jörg Zink

Jesusreden

Gespräche, Anweisungen und Gleichnisse

Verlag am Eschbach

Eschbach

Auftakt

Die erste Rede, die wir von Jesus kennen, hielt er in seiner Heimat Nazaret. Er war wohl nahe an dreißig Jahre alt. Er hatte sich im Umkreis des Johannes des Täufers am Jordan aufgehalten und kehrte nun, um sein Werk zu beginnen, in seine Heimat Galiläa zurück:

Erfüllt mit der Kraft des Geistes kehrte Jesus nach Galiläa zurück, und im ganzen Land verbreitete sich die Nachricht, er sei zurückgekehrt. Er lehrte in ihren Synagogen, und alle stimmten ihm begeistert zu. So kam er auch nach Nazaret, wo er aufgewachsen war, und ging an einem Sabbat, wie er gewohnt war, in die Synagoge. Dort erhob er sich, um aus der Schrift vorzulesen. Da reichte man ihm die Rolle mit den Schriften des Propheten Jesaja, und als er sie öffnete, fand er das Wort:

Gottes Geist ist über mir.
Er hat mich berufen.
Er sendet mich, seine Liebe
den Armen zu bringen,
Gefangenen die Freiheit
anzukündigen
und den Blinden das Licht,
Mißhandelte zu erlösen
und die Zeit anzukündigen,
in der Gott Heil gibt.

Er schloß die Rolle, gab sie dem Diener und setzte sich auf den Lehrstuhl, und die Versammlung wartete gespannt. Da begann er zu reden: Heute ist dieses Wort der Schrift erfüllt. Und sie bestätigten ihm, daß das wahr sei, und staunten über die Gnade Gottes, die aus seinem Munde sprach.
Lukas 4,14–22

In jener Zeit erhob Jesus seine Stimme zu einem Lobgesang:

Ich preise dich, Vater, Herr des Himmels und der Erde, daß du dein Geheimnis verborgen hast den Weisen und Klugen und es den Einfachen anvertraut. Ja, Vater, so war es dein Wille.

Alles ist mir übergeben von meinem Vater. Niemand kennt den Sohn als nur der Vater, und niemand kennt den Vater als nur der Sohn allein und wem der Sohn ihn zeigt.

Kommt her zu mir alle, die ihr müde seid und beladen, ich will euch neue Kraft geben.

Lebt nach Gottes Weisung wie ich. Ich brauche keine Gewalt und herrsche nicht über euch. So werdet ihr Frieden finden für eure Seele.

Meine Weisung ist sanft und mein Gesetz leicht zu erfüllen.
Matthäus 11,25–30

Die große Umkehrung: das Reich Gottes und der glückliche Mensch

Durch alle Reden, die wir von Jesus kennen, geht eine große Umkehrung: Der Welt der Menschen, der Staaten, dem Leben in den Dörfern oder den Familien stellt er das Reich Gottes gegenüber und dem Glücksverlangen der Menschen die Erfüllung, die sie in ihrer Zugehörigkeit zum gegenwärtigen, liebenden Gott gewinnen sollen.

In den Seligpreisungen spricht Jesus von dem dichten Zusammenhang zwischen dem Tun und Erleiden der Menschen auf dieser Erde und dem großen Ziel des Menschenlebens und der Geschichte dieser Welt: dem Reich Gottes.

Jesus sah die Menge der Menschen, die zu ihm strömten. Da ging er auf einen Berg und setzte sich, und seine Jünger traten zu ihm. Und er begann zu reden:

Selig sind, die da geistlich arm sind; denn ihrer ist das Himmelreich.

Selig sind, die da Leid tragen; denn sie sollen getröstet werden.

Selig sind die Sanftmütigen; denn sie werden das Erdreich besitzen.

Selig sind, die da hungert und dürstet nach der Gerechtigkeit; denn sie sollen satt werden.

Selig sind die Barmherzigen; denn sie werden Barmherzigkeit erlangen.

Selig sind, die reinen Herzens sind; denn sie werden Gott schauen.

Selig sind die Friedfertigen; denn sie werden Gottes Kinder heißen.

Selig sind, die um der Gerechtigkeit willen verfolgt werden; denn ihrer ist das Himmelreich.

Selig seid ihr, wenn euch die Menschen um meinetwillen schmähen und verfolgen und reden allerlei Übles gegen euch, wenn sie damit lügen. Seid fröhlich und getrost; es wird euch im Himmel reichlich belohnt werden. Denn ebenso haben sie verfolgt die Propheten, die vor euch gewesen sind.
Matthäus 5,1–12

Wir können diese Worte, um sie besser zu verstehen, auch in unserer heutigen Sprache formulieren:

Selig sind, glücklich, erfüllt und stark sind, die ihren Reichtum von Gottes Geist erwarten, denn sie werden in seinem Reich leben.

Selig sind, die Leid tragen, denn ihr Leid wird sich in Glück wandeln durch die Liebe Gottes.

Selig sind, die geduldig und freundlich sind, denn sie werden auf Erden zu Hause sein und für die Zukunft der Erde wirken.

Selig, die nach Gerechtigkeit hungert und dürstet, denn sie werden satt werden. Gott wird Gerechtigkeit schaffen wie Brot.

Selig die Barmherzigen, denn sie werden Barmherzigkeit erlangen.

Selig, deren Herz offen ist für Gottes Gegenwart, sie werden ihn erkennen in allem, was geschieht, und werden ihn schauen in Ewigkeit.

Selig sind, die Frieden stiften, denn in ihnen erscheint Gott selbst in dieser Welt.

Selig, die verfolgt werden, weil sie Gerechtigkeit suchen, sie werden in Gottes Händen geborgen sein und in seinem Reich leben.

Was Jesus meint, wenn er vom Reich Gottes spricht, wird deutlich in den sogenannten „Gleichnissen vom Reich Gottes": Er meint die nahe und in Zukunft erscheinende Herrschaft Gottes unter den Menschen.

In Kafarnaum verließ Jesus eines Tages das Haus, in dem er wohnte, und ging hinab ans Ufer des Sees. Dort drängten sich so viele Menschen um ihn, daß er sich in ein Boot setzen mußte, um von dort aus zu reden. Die Leute standen dicht gedrängt am Ufer, während er ihnen Gleichnisgeschichten erzählte:

Ein Bauer, so begann er, ging hinaus auf seinen Acker, um zu säen. Als er die Körner ausstreute, fielen einige auf den Weg, und die Vögel kamen und pickten sie weg. Andere fielen auf felsigen Grund, auf eine Stelle, an der wenig Erde war. Weil sie an der Oberfläche liegen blieben, gingen sie bald auf, als aber die Sonne höher stieg, welkte die junge Saat und wurde dürr, weil die Wurzeln nicht tief genug reichten. Einige fielen in ein Gestrüpp, und die Hecken wuchsen zusammen und erstickten sie. Das übrige aber fiel auf gute Erde und gab Frucht, zum Teil hundertfach, zum Teil auch sechzig- oder dreißigfach. Wer Ohren hat, höre gut zu.

Da fragten ihn seine Jünger: Warum redest du immer in solchen Rätseln? Was bedeutet das alles? Und Jesus antwortete:

Ich will euch die Geschichte von dem Sämann deuten: Das Korn ist das Wort, das ich ausstreue, das Wort von Gottes heimlicher Herrschaft. Wer es vernimmt und es nicht begreift, der ist wie der Weg, auf den die Körner fielen: Der Teufel stiehlt ihm wieder, was in sein Herz gesät war. Dem felsigen Grund dagegen vergleiche ich den, der das Wort hört und es rasch mit Begeisterung aufnimmt. Er hat aber keine Tiefe, daß es Wurzeln treiben könnte, sondern bleibt dem Augenblick ausgeliefert. Wenn Nöte kommen oder gar eine Verfolgung um des Worts willen, ist er sofort am Ende. Dem mit Dornen überwucherten Platz vergleiche ich den, der für das Wort, das in ihn gelegt ist, keinen Raum hat. Er hört es, aber die tägliche Mühe und die Sucht nach Geld, die doch nichts einbringt, ersticken es, und es wächst kein Leben daraus. Einiges war auf gutes Land gesät. Gutes Land, das sind die, die das Wort hören und verstehen und die es wirken und wachsen lassen, damit Frucht daraus wächst, hundertfach, sechzig- oder auch dreißigfach.

Matthäus 13,1–10.18–23

Eine andere Geschichte legte er ihnen vor: In Gottes Reich geht es zu wie bei einem Gutsherrn, der reines Saatgut auf seinem Acker auswarf. Er hatte aber einen Feind, und als seine Leute schliefen, kam der und säte Tollkraut dazwischen (das gefürchtete, giftige Unkraut, das dem Weizen anfangs so ähnlich ist) und ging weg. Als nun die Frucht aufwuchs und sich die Ähre bildete, da merkte man, daß eine Menge davon Tollkraut war. Da kamen die Knechte zum Gutsherrn und fragten: Herr, hast du für deinen Acker nicht reine Saat verwendet? Wer hat denn das Tollkraut dazwischengeworfen? Ein Feind! war die Antwort. Da fragten sie: Willst du, daß wir hinausgehen und das Tollkraut herausreißen? Nein, antwortete der Gutsherr, sonst reißt ihr den Weizen mit heraus. Laßt beides miteinander wachsen bis zur Ernte. In der Ernte sollen die Schnitter das Tollkraut herauslesen, es bündeln und verbrennen, den Weizen aber in meine Scheuer einbringen.

Wie das Reich Gottes wächst, das seht ihr an einem Senfkorn. Das nimmt einer und sät es in seinen Acker. Es ist das kleinste von allen Samenkörnern. Wenn es sich aber entwickelt, wird daraus eine Pflanze, größer als die Gartenstauden und schließlich so groß wie ein Baum, so daß die Vögel kommen und sich in seinem Gezweig Nester bauen.

Wie das Reich Gottes die Welt durchdringt, seht ihr an einem Bällchen Sauerteig, den eine Hausfrau mit einer großen Schüssel voll Teig aus Weizenmehl vermischte und verknetete, daß man nichts mehr von ihm sah, so daß am Ende der ganze Teig durch und durch sauer wurde, gärte und aufging.

Da ließ Jesus das Volk auseinandergehen und begab sich nach Hause. Dort wandten sich seine Jünger an ihn und baten: Erkläre uns die Geschichte mit dem Unkraut auf dem Acker.

Da deutete Jesus, was er erzählt hatte: Der ausgeht und den gesunden Samen wirft, bin ich. Der Acker ist die Welt. Der gute Same – das sind die Kinder Gottes, die sich seiner Herrschaft unterstellen. Das Tollkraut – das sind die, deren Wesen und Tun von der Macht des Bösen herkommen und sie ausbreiten. Der Feind, der sie aussät, ist der Teufel. Die Ernte ist die Zeit, in der die Weltgeschichte ihr Ende findet und alles, was der Welt zugehört. Die Schnitter sind die Engel, die Beauftragten Gottes. Wie nun das Tollkraut auf einen Haufen geworfen und verbrannt wird, so wird es am Ende dieser Weltzeit zugehen. Ich werde meine Mitarbeiter aussenden, und sie werden wegräumen, was der Herrschaft Gottes im Wege ist, allen Widerstand und allen bösen Willen, und werden sie ins Feuer werfen, an den Ort der Vernichtung, wo das Jammergeschrei übrigbleibt und der ohnmächtige Haß gegen Gott. Die aber Gottes Herrschaft lieben, werden strahlen wie die Sonne, mitten in dem mächtigen Wirken ihres Vaters. Wer Ohren hat, höre.

Matthäus 13,24–33.36–43

Wenn nun jemand fragt, auf welche Weise man an Gottes verborgenem Wirken und an seiner kommenden Herrschaft Anteil gewinnt, dann will ich es ihm so sagen: Ein Bauer stieß in dem Acker, auf dem er arbeitete, auf einen vergrabenen Schatz. Aber der Acker gehörte nicht ihm. So deckte er den Fund in aller Stille wieder zu und ging in seiner Freude heim. Er verkaufte alles, was er hatte, und kaufte den Acker.

Oder so: Ein Juwelier ging auf Reisen und suchte echte, gute Perlen. Da fand er eine, die war wertvoller als alles, was er bisher gesehen hatte. Er fuhr nach Hause, verkaufte alles, was er besaß, und kaufte sie.

Und noch einmal: Wenn Gott in seiner heimlichen Macht am Werk ist, geht es zu wie am Meer drunten, wo sie Netze auswerfen, um die verschiedenen Arten von Fischen zu fangen. Wenn das Netz voll ist, ziehen die Fischer es ans Ufer, setzen sich und lesen die brauchbaren Fische in einen Bottich, die unbrauchbaren werfen sie weg. So wird es am Ende der Welt zugehen. Die Engel gehen aus und lesen die Diener des Bösen mitten aus der Schar der Gerechten heraus und werfen sie in den brennenden Ofen, wo sie in Angst und verzweifeltem Haß gegen Gott versinken. Habt ihr das verstanden? Sie antworteten: Ja.

Als Jesus mit seinen Geschichten zu Ende war, ging er weiter und kam nach Nazaret, sein Heimatdorf. Dort redete er in einem Gottesdienst so, daß sie erschrocken waren und einander fragten: Woher hat der sein Wissen? Woher hat er diese Macht? Und sie konnten ihm, was er sagte, nicht abnehmen.

Matthäus 13,44–54.57

Berufung und Aussendung

Jesus wählte aus der Menge seiner Hörer seine Mitarbeiter und zeigte ihnen Maßstäbe, an denen sie messen konnten, ob ihr gemeinsames Leben dem Willen Gottes entspreche.

Als Jesus einmal am Ufer des Kinneret, des Galiläischen Meeres, entlang ging, sah er zwei Fischer, die eben ihre Netze auswarfen. Sie waren Brüder und hießen Petrus und Andreas. Auf! rief er sie an, mir nach! Ihr sollt Menschen fischen! Da ließen sie ihre Netze, wo sie lagen, und gingen ihm nach. An einer anderen Stelle sah er wieder zwei Brüder, Jakobus und Johannes, die mit ihrem Vater Zebedäus im Boot saßen und ihre Netze flickten, und rief auch sie an. Da standen die beiden augenblicklich auf, ließen das Boot und ihren Vater zurück und schlossen sich Jesus an.
Matthäus 4,18–22

Zu jener Zeit wanderte Jesus durch alle Städte und Dörfer Galiläas, lehrte in ihren Gemeindehäusern, verkündete die Botschaft vom kommenden Reich Gottes und heilte Leiden und Krankheiten, wo er sie antraf. Als er aber die Menschen sah, taten sie ihm leid, denn sie waren abgehetzt und heruntergekommen, verwahrlost wie Schafe, die keine Hirten haben. Da zeigte er den Jüngern das Feld ihrer Arbeit: Die Ernte ist groß, und wenige mühen sich, sie zu bergen. Bittet darum den Herrn, dem Acker und Frucht gehören, daß er Helfer in seine Ernte sende.
Matthäus 9,35–38

Und er zeigte ihnen ihren Auftrag mit den Worten: Ihr seid das Salz der Erde. Wenn nun das Salz fad wird, womit soll man es salzen? Es taugt zu nichts weiter, als daß man es auf die Gasse wirft und die Leute es zertreten.

Ihr seid das Licht der Welt. Eine Stadt, die auf einer Höhe liegt, kann nicht verborgen sein. Man zündet auch nicht eine Lampe an, um einen Kessel darüber zu stülpen. Man stellt ein Licht auf einen Leuchter, damit es denen leuchtet, die im Hause sind. So soll euer Licht vor aller Augen brennen und zeigen, daß ihr in Gottes Auftrag wirkt, daß man euren Vater im Himmel erkennt und seine Herrschaft rühmt.
Matthäus 5,13–16

Und Jesus fuhr fort: Wenn jemand mir nachfolgen will, dann denke er nicht an sich selbst und sehe von seinem eigenen Leben ab. Er nehme den Kreuzbalken auf seine Schulter, an den sie mich hängen werden, und folge mir. Denn wer sein Leben retten will,

wird es verlieren. Wer aber sein Leben verliert um meinetwillen, wird es finden. Was hat ein Mensch gewonnen, wenn die ganze Welt sein eigen wird und er verliert das Leben? Oder was will ein Mensch bieten, um sein Leben zurückzukaufen?
Matthäus 16,24–26

Geht durch die enge Tür, denn das Tor ist weit und der Weg ist breit, die zum Verderben führen, und viele gehen ihn. Die Tür ist eng und der Weg ist schmal, die zum Leben führen, und wenige sind es, die sie finden.
Matthäus 7,13f.

Wenn nun dein Fuß dich irgendwohin trägt, wo du Gott nicht angehören kannst, dann hacke ihn ab. Es ist besser, lahm ins Leben einzugehen als mit zwei gesunden Füßen in den ewigen Kerker. Und wenn dein Auge etwas sehen möchte, das du nur sehen kannst, wenn du Gottes Willen mißachtest, dann reiß es aus. Es ist besser, einäugig in das Reich des göttlichen Lichtglanzes einzugehen als mit zwei Augen in das Reich der Finsternis, in dem der ewig fressende Wurm haust und das unlöschbare Feuer brennt.

Markus 9,45–48

Gebt acht! Ich sende euch wie Schafe wehrlos mitten unter die Wölfe. Darum seid klug wie die Schlangen und ohne Falsch wie die Tauben. Nehmt euch in acht vor den Menschen, denn sie werden euch vor die Gerichte stellen und werden euch in ihren Synagogen mit Peitschen schlagen. Sie werden euch vor Machthaber und Könige führen, weil ihr die Meinen seid, und ihr werdet euch vor ihnen und vor den fremden Völkern zu mir bekennen.

So fürchtet sie nicht! Es geschieht nichts im Verborgenen gegen euch, das nicht ans Licht käme. Und nichts geschieht heimlich, das man nicht erführe. Was ich euch in der Dunkelheit sage, davon redet im Licht, und was euch leise ins Ohr gesagt wird, das ruft von den Dächern öffentlich aus. Fürchtet euch nicht vor den Mördern des Leibes, die doch die Seele nicht töten können. Fürchtet aber mehr als alles den, der Macht hat, Seele und Leib ins ewige Verderben zu stürzen. Kauft man nicht zwei Sperlinge um einen Pfennig? Dennoch fällt keiner von ihnen auf die Erde, wenn euer Vater nicht will. Bei euch aber sind selbst die einzelnen Haare auf eurem Haupt alle gezählt. So fürchtet euch nicht. Ihr seid Gott kostbar, mehr als viele Sperlinge.

Matthäus 10,16–18.26–31

Eines Tages, als sie miteinander unterwegs waren, kam einer auf Jesus zu und sprach ihn an: Ich will mit dir gehen, wohin immer du gehst!

Jesus erwiderte: Die Füchse haben ihren Bau. Die Vögel haben ihr Nest. Ich, der Bevollmächtigte Gottes, habe keinen Platz, an den ich mein Haupt legen könnte.

Einen anderen forderte er auf: Komm mit! Der bat ihn: Erlaube mir, daß ich vorher nach Hause gehe und meinem toten Vater die letzte Ehre erweise. Aber Jesus verbot es: Laß die Toten ihren Toten Ehre erweisen! Fang an! Verkündige, daß das Reich Gottes da ist.

Ein dritter kam von sich aus: Ich will dir gehorchen und zu dir gehören, nur erlaube mir noch eine Abschiedsfeier mit meiner Familie. Doch Jesus wehrte ab: Wer mit den Händen den Pflug faßt und dabei zurücksieht, taugt nicht dazu, dem Wort Gottes den Boden zu bereiten.

Lukas 9,57–62

Nachdem Jesus zwölf seiner Begleiter zu seinen Jüngern, d.h. Mitarbeitern bestimmt hatte, sandte er sie in die Dörfer und Städte Israels und gab ihnen Weisungen für ihre Arbeit:

Geht nicht auf die Straßen, die zu fremden Völkern führen, betretet keine Stadt im Lande der Samariter, geht vielmehr zu den verlaufenen, zerstreuten Schafen im Volk Israel. Auf dem Wege sollt ihr ausrufen und sagen, das himmlische Reich sei nahe. Die Kranken macht gesund, die Toten weckt auf, die Aussatzkranken macht heil, die Dämonen vertreibt; umsonst habt ihr's empfangen, umsonst gebt es weiter.

Sammelt kein Gold, kein Silber- oder Kupfergeld in eure Gürteltasche, beschafft euch keinen Reisesack, verzichtet auf ein zweites Gewand, auf ein zweites Paar Schuhe und einen Stock. Denn wer arbeitet, darf erwarten, daß er versorgt wird. Wenn ihr aber eine Stadt oder ein Dorf betretet, dann erkundigt euch und sucht euch ein Haus, das wert ist, euch zu beherbergen; dort bleibt, bis ihr weiterzieht. Wenn ihr das Haus betretet, so grüßt es mit den Worten des Friedens. Ist es ihn nicht wert, so wird der Friede wieder mit euch gehen.

Matthäus 10,5–13

Jesus meint nicht eine Frömmigkeit, in der alles, was unter Menschen üblicherweise für richtig gehalten wird, weiterbestehen kann. Er sucht vielmehr eine neue Gemeinschaft, eine neue Familie, eine Art Wahlverwandtschaft derer, denen das Leben mit Jesus mehr gilt als ihre Position unter den Menschen.

Unter den vielen Menschen kamen auch seine Mutter und seine Brüder. Sie standen draußen und ließen ihn bitten, er solle doch zu ihnen kommen. Indessen umlagerten ihn die vielen Menschen, dicht gedrängt, und gaben die Bitte an ihn weiter: Deine Mutter, deine Brüder, deine Schwestern sind draußen und wollen dich sprechen. Er aber gab zur Antwort: Wer ist meine Mutter? Wer sind meine Brüder? Und er sah über die vielen hin, die im Kreis um ihn saßen, und sagte: Seht! Das ist meine Mutter! Das sind meine Brüder! Denn wer nach dem Willen Gottes lebt, der ist für mich Bruder und Schwester und Mutter!

Markus 3,31–35

Einmal entstand auch ein Streit unter ihnen, wer von ihnen am meisten zu sagen habe. Da redete Jesus mit ihnen: Die Könige vergewaltigen ihre Völker, und die Machthaber lassen sich dazu noch Wohltäter nennen. Bei euch soll eine andere Ordnung gelten: Der Ältere soll nicht mehr gelten als der Jüngere und der Führende nicht mehr

als der, der den niedrigsten Dienst tut.
Lukas 22,24–26

Ein andermal fragten die Jünger Jesus: Wer ist eigentlich grundsätzlich größer oder kleiner in der Rangordnung, die bei Gott gilt? Da rief er ein Kind zu sich, stellte es mitten unter sie und sprach: Laßt euch gesagt sein: Wenn ihr nicht eure Maßstäbe umkehrt und wie die Kinder werdet, dann könnt ihr vor Gott nichts gelten. Wenn aber einer sich selbst bis zur Wehrlosigkeit dieses Kindes erniedrigt, ist er der Größte von euch nach der Ordnung, die in Gottes Augen gilt. Wer eines von diesen Kindern aufnimmt aus Treue zu mir, der nimmt mich zu sich.
Matthäus 18,1–5

Ihr wißt, wie es zugeht. Die Fürsten regieren die Völker zugrunde. Die Machthaber halten sie unter der Peitsche. Unter euch soll es anders sein. Wer unter euch eine Rolle spielen will, der soll die des Dieners übernehmen. Und wer unter euch eine leitende Verantwortung sucht, soll euer aller Knecht sein. Denn auch ich bin nicht gekommen, damit andere mir dienen. Ich bin gekommen, um mich wie einen Knecht zu verbrauchen und mein Leben hinzuwerfen, wie man das Lösegeld hinwirft, mit dem man Sklaven freikauft.
Matthäus 20,25–28

Parteinahme für die Armen

Es ist besonders kennzeichnend für Jesus, wie er mit den Unterprivilegierten umgeht: Immer wieder stellt er sie als die Bevorzugten dar, wenn es um ihre Beziehung zu Gott geht.

Nicht die Frommen stehen Gott am nächsten, sondern diejenigen, die mit dem Glauben Mühe haben, oder diejenigen, die außerstande sind, sich an die Gesetze der Menschen oder die Gebote der jüdischen Kultgemeinde zu halten. Er nennt sie die „Armen im Geist", d. h. die Armen, denen nichts bleibt, als sich nach dem Geist Gottes und seiner Güte zu sehnen.

Einmal war Jesus von einem Pharisäer eingeladen, bei ihm zu essen, und er kam in das Haus und legte sich zu Tisch. In jener Stadt lebte eine Frau, die von den Frommen gemieden war, weil sie das Gesetz nicht einhielt. Als die sah, daß er bei dem Pharisäer speiste, brachte sie ein Glas mit Salbe, trat von hinten her zu seinen Füßen und weinte, netzte seine Füße mit ihren Tränen, wischte sie mit ihren Haaren ab, küßte sie und rieb sie mit Salbe ein. Als der Pharisäer das sah, machte er sich Gedanken: Wenn der ein Prophet wäre, wüßte er, was für eine Frau das ist, die ihn berührt, daß sie nämlich das Gesetz nicht hält.

Da wandte sich Jesus an ihn: Simon, ich habe dir etwas zu sagen. Er ging darauf ein: Meister, rede! Und Jesus sprach: Ein Geldverleiher hatte zwei Schuldner. Der eine war tausend Mark schuldig, der andere hundert. Als sie das Geld nicht zurückzahlen konnten, schenkte er es beiden. Wer von den beiden wird ihm dankbarer sein. Simon meinte: Ich vermute, der, dem er mehr geschenkt hat. Du hast richtig geurteilt, antwortete Jesus, und zu der Frau gewendet, fuhr er fort: Siehst du diese Frau, Simon? Ich bin in dein Haus gekommen, und du hast mir kein Wasser für meine Füße gegeben. Sie aber hat sie mit Tränen genetzt und mit ihren Haaren getrocknet. Du hast mir keinen Kuß gegeben. Sie aber küßt, seit ich hier bin, unaufhörlich meine Füße. Du hast mir das Haupt nicht mit Öl gesalbt. Sie aber hat mir mit der viel kostbareren Salbe die Füße eingerieben. Daran wird eins deutlich, und das sage ich dir: Ihr sind viele Sünden vergeben, denn sie hat viel Liebe. Wer wenig Vergebung empfangen hat, hat auch wenig Liebe zu geben.

Und er wandte sich an sie: Deine Sünden sollen dich nicht mehr von Gott trennen. Sie sind erlassen. Da redeten die übrigen Gäste miteinander und fragten sich: Wer ist der, der hier Sünden vergibt? Jesus aber fuhr fort: Dein Glaube hat dich gerettet. Geh. Du wirst Frieden finden.

Lukas 7,36–50

Währenddessen kam alles zusammen, was es in der Stadt an verrufenen Leuten gab: die Zöllner (die verachtet waren als Handlanger der Besatzungsmacht) und andere düstere Gestalten (die man aus der Gesellschaft der Frommen und der Geordneten ausgestoßen hatte). Alle wollten Jesus zuhören. Die Pharisäer und die Schriftgelehrten aber diskutierten unter sich und stellten fest: Dieser Jesus, der ein Gottgesandter sein will, macht sich mit Betrügern und Ausbeutern gemein und hält mit ihnen Tischgemeinschaft. Da redete Jesus sie mit einem Gleichnis an:

Ich kann mir nicht denken, daß einer unter euch anders verfährt als jeder Schafhirt. Nehmt an, er hat hundert Schafe. Eins davon läuft ihm weg. Er läßt auf der Stelle die neunundneunzig allein und macht sich auf die Suche nach dem einen verlorenen. Er geht ihm nach, bis er es findet. Wenn er es gefunden hat, nimmt er es auf die Schulter und freut sich, und wenn er nach Hause kommt, ruft er seinen Freunden und Nachbarn zu: Freut euch mit mir! Ich habe das Schaf wieder, das weggelaufen war! Ich sage euch: So freut man sich im Himmel über jeden einzelnen Gottlosen, der zu Gott umkehrt, mehr als über neunundneunzig Fromme und Gerechte, die eine Umkehr, eine Änderung ihrer Gedanken und ihrer Lebensführung scheinbar nicht nötig haben.

Da ist eine Hausfrau! Nehmt an, sie hat zehn Mark in der Hand. Nun fällt ihr eine zur Erde und rollt davon. Sie nimmt auf der Stelle ein Licht und fegt überall unter den Schränken und sucht und sucht, bis sie ihr Geldstück gefunden hat. Und wenn sie es gefunden hat, ruft sie ihren Freunden und Nachbarinnen zu: Freut euch mit mir! Ich habe die Mark wieder, die ich verloren hatte! Ich sage euch: So freut man sich unter den Engeln Gottes über jeden einzelnen Gottlosen, der zu Gott heimkehrt.

Lukas 15,1–10

Wie ist eure Meinung? Wenn ein Mensch hundert Schafe besitzt und eines davon sich verirrt, läßt er nicht die neunundneunzig auf den Bergen, bricht auf und sucht das verirrte? Heilig wahr ist, was ich euch sage: Wenn er es findet, freut er sich über das eine mehr als über die neunundneunzig, die sich nicht verirrt hatten. So will auch euer Vater in der himmlischen Welt nie und nimmer, daß irgendeiner von diesen Geringsten verlorengehe.

Matthäus 18,12–14

Und Jesus erzählte weiter: Es war ein Mann, Vater von zwei Söhnen. Der jüngere unter ihnen kam eines Tages zu ihm und bat ihn: Vater, gib mir das Teil deiner Güter, das mir zusteht. Da teilte der Vater das Vermögen, das ihnen zustand, unter die beiden.

Nicht lange danach packte der jüngere Sohn alles zusammen, was er hatte und zog in ein fernes Land. Dort lebte er in Saus und Braus, bis sein Vermögen aufgezehrt war. Als er alles verbraucht hatte, kam eine schwere Hungersnot über das Land, und er geriet in Not. Da ging er hin und ließ sich von einem Bürger jenes Landes zum Knecht machen und zum Schweinehüten auf die Felder schicken. Und er hätte gerne seinen Bauch mit den Schoten, die die Schweine fraßen, gefüllt, aber niemand ließ ihn davon essen.

Da ging er in sich und überlegte: Wie viele Tagelöhner hat mein Vater, die mehr Brot haben, als sie brauchen, und ich gehe im Hunger zugrunde. Ich will mich auf den Weg machen und zu meinem Vater gehen und ihm sagen: Vater, ich habe unrecht getan gegen Gott und gegen dich. Ich bin nicht mehr wert, daß du mich deinen Sohn nennst. Mach mich zu einem deiner Tagelöhner. Und er brach auf und wanderte nach Hause zu seinem Vater.

Während er aber noch auf dem Heimweg war, sah ihn sein Vater von weitem. Es tat ihm weh, ihn so zu sehen, und er tat ihm leid. Er lief ihm entgegen, fiel ihm um den Hals und küßte ihn. Da fing der Sohn an zu reden: Vater, ich habe unrecht getan gegen Gott und gegen dich. Ich bin nicht mehr wert, daß du mich deinen Sohn nennst.

Da rief der Vater seine Knechte: Schnell, bringt das beste Kleid und zieht es ihm an. Steckt ihm einen Ring an den Finger und gebt ihm Schuhe an die Füße. Bringt das gemästete Kalb her und schlachtet es, und dann laßt uns essen und fröhlich sein. Denn der hier, mein Sohn, war tot und ist wieder lebendig geworden. Wir hatten ihn verloren und haben ihn wiedergefunden. Und sie fingen an, ein Fest zu feiern.

Der ältere Sohn war eben auf dem Feld. Als er kam und auf das Haus zuging, hörte er Musik und Reigentanz. Da rief er einen der Knechte und fragte, was das zu bedeuten habe. Der antwortete: Dein Bruder ist gekommen. Da hat dein Vater das gemästete Kalb geschlachtet, weil er ihn gesund wiederhat. Da wurde er zornig und wollte nicht hineingehen.

Der Vater aber kam heraus und bat ihn: Komm herein! Er aber antwortete: Das mußt du verstehen. Ich diene dir so viele Jahre und habe nie eine Anordnung von dir mißachtet. Du hast mir aber noch nie auch nur einen Bock gegeben, daß ich mit meinen Freunden hätte feiern können. Jetzt aber, da er – dein Sohn! – kommt, der sein Vermögen mit den Huren verludert hat, schlachtest du für ihn das gemästete Kalb. Der Vater antwortete: Kind, du bist immer bei mir, und alles, was mir gehört, gehört auch dir. Es ist aber nötig, daß wir ein Fest feiern und uns freuen. Denn er – dein Bruder! – war tot und ist wieder lebendig geworden. Wir hatten ihn verloren und haben ihn wiedergefunden.

Lukas 15,11–32

Einmal erzählte Jesus folgende Geschichte und meinte damit jene Menschen, die von sich überzeugt sind, sie seien recht und in Ordnung, und die auf die übrigen heruntersehen:

Zwei Männer gingen in den Tempel hinauf, um zu beten: Der eine ein Pharisäer (also einer, der zu einem Kreis besonders ernster und frommer Menschen gehörte), der andere ein Zollbeamter (also einer, der nach jüdischer Auffassung kein Recht hatte, mit Gott zu reden, weil er es mit den ungläubigen Römern hielt und von Betrug und Erpressung lebte). Der Pharisäer trat vor Gott und betete im stillen: Ich danke dir, Gott, daß ich nicht bin wie die anderen Leute, die Räuber, die Betrüger, die Ehebrecher oder wie dieser Zöllner. Ich faste zweimal in der Woche und gebe den zehnten Teil meines Einkommens für Opfer und Spenden. Der Zöllner stand weiter weg und getraute sich nicht, den Blick zum Himmel zu erheben. Er schlug an seine Brust zum Zeichen, daß er sich seiner Schuld bewußt war, und sprach: O Gott, sei barmherzig mit mir schlechtem Menschen!

Ich sage euch: Gott hatte an ihm, als er den Tempel verließ, mehr Freude als an dem anderen und war ihm näher als jenem. Denn wer sich als fehlerfrei ausgibt, dem wird man seine Schuld vorhalten, und wer sich vor Gott in den Staub wirft, den wird er aufheben.

Lukas 18,9–14

Wie ist denn eure Meinung in folgender Sache? Ein Mann hatte zwei Söhne. Er wandte sich an den einen und befahl ihm: Geh und arbeite heute im Weinberg. Der Sohn antwortete: Nein! Ich will nicht!

Nachher tat es ihm leid, und er ging hin. Da traf der Vater den anderen und sagte ihm dasselbe. Der gab zur Antwort: Ja! Und ging nicht hin. Wer von den beiden hat nach dem Willen des Vaters gehandelt? Sie entschieden: Der erste!

Aber ich sage euch, erwiderte Jesus, die verrufenen Zollwächter, die von Gottes Willen nichts wissen, und die Dirnen, die ihr verachtet, werden eher ins Reich Gottes kommen als ihr. Johannes der Täufer war da und zeigte euch den Weg, der zu Gott führt. Ihr habt ihm nicht gehorcht. Die Handlanger der Römer am Zoll und die Dirnen gehorchten ihm. Trotz alldem habt ihr eure Entscheidung nicht geändert. Das Letzte war euer Nein.

Matthäus 21,28–32

Wo Gott herrscht, geht es zu wie bei einem Grundbesitzer, der für seinen Weinberg Arbeiter suchte. Er ging in der Morgenfrühe auf die Suche nach Tagelöhnern. Als er mit den Männern einig war, daß sie für den üblichen Taglohn, einen Denar, bei ihm arbeiten wollten, schickte er sie in seinen Weinberg. Als er gegen neun Uhr am Vormittag noch einmal auf den Markt ging, sah er dort andere untätig stehen und wies sie an: Auf! In den Weinberg! Was recht und üblich ist, will ich euch geben. Und sie gingen. Um die Mittagszeit und nachmittags um drei Uhr ging er noch einmal hin und tat dasselbe. Um fünf Uhr aber, am späten Nachmittag, sah er wieder andere dastehen und fragte sie: Was steht ihr hier den ganzen Tag müßig herum? Es hat uns niemand Arbeit gegeben, antworteten sie. Da forderte er auch sie auf: In den Weinberg!

Als die Dämmerung hereinbrach, wandte sich der Eigentümer an den Verwalter: Rufe die Arbeiter zusammen und gib ihnen den Lohn. Fang bei den letzten an und geh durch bis zu den ersten. Da kamen die, die von fünf Uhr nachmittags an gearbeitet hatten, und erhielten jeder den üblichen Taglohn. Als aber die ersten kamen, meinten sie, sie würden mehr bekommen, erhielten aber, wie alle, den Lohn für einen Tag. Als sie den in der Hand hielten, protestierten sie und hielten dem Besitzer vor: Die hier, die zuletzt kamen, haben nur eine Stunde gearbeitet, und du behandelst sie wie uns, die die Last und Hitze des ganzen Tages getragen haben.

Er aber antwortete einem von ihnen: Mein Freund, ich tue dir kein Unrecht. Bist du nicht mit mir einig geworden, daß du den üblichen Taglohn bekommen solltest? Nimm ihn und geh. Ich will aber dem hier, der zuletzt kam, dasselbe geben wie dir. Oder kann ich mit dem, was mir gehört, nicht tun, was ich will? Siehst du neidisch auf die anderen, weil ich großzügig bin? So werden die Ersten in den Augen des Herrn die Letzten sein, und die Letzten werden seine besondere Güte erfahren.

Matthäus 20,1–16

Der große Gegensatz

In den folgenden Stücken aus der „Bergpredigt" (Matthäus 5,1–7,29; siehe auch S. 4, 8f., 23f., 30–32) vollzieht Jesus die vielfache Umkehrung herkömmlicher Moralbegriffe. Er schildert, wie Christen handeln sollten, wenn sie wirklich von Gottes Gegenwart und von der Nähe seines Reiches überzeugt sind. Vieles, was er sagt, klingt steil und fordernd, aber es ist im Grunde nur die Konsequenz aus dem Glauben. Denn glauben heißt, so leben wie man lebt, wenn das wahr ist, was man glaubt.

Bei Matthäus 5,21–48 stehen die „Gegensatzreden", in denen Jesus den Unterschied zeigt zwischen einer üblichen Moral und einem Handeln aus dem Glauben an das Reich Gottes.

Ihr habt gehört, daß euren Vätern gesagt wurde: Du sollst nicht töten. Wer tötet, soll vor ein Gericht gestellt und getötet werden. Ich aber sage euch: Wer seinem Bruder zürnt, verdient in Gottes Augen das Todesurteil durch ein Gericht. Wer zu seinem Bruder sagt: Du Null! (wer ihn also durchstreichen will wie eine Zahl), verdient in Gottes Augen das Urteil des hohenpriesterlichen Gerichts, das ihn ausschließt aus der Gemeinschaft derer, die Gott zugehören. Wer zu seinem

Bruder sagt: Du Verdammter! (wer ihm also Gottes Barmherzigkeit entziehen möchte), verdient in Gottes Augen das höllische Feuer und die höllische Gottverlassenheit.

Wenn du nun in den Tempel gehst und ein Opfer bringen willst und dir dabei einfällt, daß dein Bruder dir etwas Böses vorwirft, dann laß dein Opfer vor dem Altar liegen, geh zuerst zu deinem Bruder und versöhne dich mit ihm. Dann komm und opfere Gott, was du opfern willst.

Noch hast du Zeit, Streit und Haß auszuräumen, ehe dein Gegner dich vor Gott, deinem Richter, anklagt. Versöhne dich mit deinem Gegner, der dich anklagt, solange du noch mit ihm auf dem Wege bist. Vor Gericht ist es zu spät, dort wird er dich vor den Richter stellen, und der Richter wird dich dem Kerkermeister übergeben und dich ins Gefängnis werfen lassen. Und von dort, das sage ich dir, kommst du nicht mehr heraus, bis du deine Schuld bis auf den letzten Pfennig bezahlt hast.

Matthäus 5,21–26

Ihr habt gehört, daß gesagt ist: Du sollst nicht ehebrechen. Ich aber sage euch: Wer eine Frau mit begehrlichen Augen ansieht, hat in seinem Herzen schon die Ehe gebrochen.

Wenn aber dein rechtes Auge schuld daran ist, daß du von Gott abfällst, dann reiß es aus und wirf es von dir. Es ist besser für dich, wenn ein Teil von dir verlorengeht, als wenn du selbst, der ganze Mensch, in der Verdammnis endest. Wenn deine rechte Hand tut, was Gott verboten hat, wenn sie schuld daran ist oder mitschuldig, daß du von Gott abfällst, dann haue sie ab und wirf sie von dir. Es ist besser für dich, wenn eines deiner Glieder verlorengeht, als wenn du selbst, der ganze Mensch, in der Gottverlassenheit endest.

Es ist seit ältesten Zeiten Sitte bei euch, daß, wer sich von seiner Frau trennen will, der Scheidung eine rechtliche Form gibt und sie beurkundet (damit die Frau geschützt und alles in Ordnung ist). Ich aber sage euch: Wer sich von seiner Frau trennt, macht sie zur Ehebrecherin, es sei denn, sie habe zuvor die Ehe gebrochen. Und wer mit einer Geschiedenen eine neue Ehe eingeht, bricht die Ehe.

Matthäus 5,27–32

Ihr habt weiter gehört, daß die Alten ein Gesetz hatten, das forderte: Du sollst nicht falsch schwören, und wenn du Gott ein Versprechen gegeben hast, sollst du das Versprechen halten.

Ich aber sage euch, daß ihr überhaupt keinen Eid leisten sollt, um glaubwürdiger zu sein. Ihr sollt den Himmel nicht als Zeugen anrufen, denn er ist Gottes Thron, ihr aber seid auf der Erde. Ihr sollt auch die Erde nicht als Zeugen nennen, als stünde sie euch zu Gebote, denn die Erde ist der Schemel der Füße Gottes (und gehört ihm). Ihr sollt auch nicht so tun, als ob das Wort „Jerusalem", der heilige Name, euren Worten Gewicht gäbe, denn Jerusalem ist die Stadt des großen Königs. Ihr sollt auch nicht bei eurem Haupt schwören, denn ihr habt es nicht in der Hand, ob eines eurer Haare schwarz ist oder weiß wird.

Wenn ihr wollt, daß man euch glaubt, dann sagt ja oder nein. Alles Weitere dient dem Bösen, es dient der Lüge und kommt von ihr her.

Matthäus 5,33–37

Ihr habt gehört, daß für den, der Böses vergelten wollte, von alters her die Regel galt: Auge um Auge, Zahn um Zahn. Ich aber sage euch: Ihr sollt dem Bösen keinen Widerstand entgegensetzen. Wenn dir jemand auf die rechte Backe schlägt, dann biete ihm auch die linke. Wenn jemand (dem du Geld schuldest) deinen Rock als Pfand nehmen will, dann gib ihm noch den Mantel dazu. Wenn jemand dich zwingt, ihn (zu seinem Schutz auf einem einsamen Weg) eine Meile zu begleiten, dann geh zwei mit ihm. Gib dem, der dich bittet, wende dich ab von dem, der von dir leihen will.

Matthäus 5,38–42

Ihr habt gehört, daß die Regel gegolten hat: Du sollst deinen Freund lieben, deinen Feind sollst du hassen. Ich aber sage euch: Zeigt euren Feinden, daß ihr sie liebt, und bittet Gott um seine Liebe für die, die euch verfolgen, damit ihr Söhne eures Vaters im Himmel werdet, der seine Sonne über Bösen und Guten aufgehen läßt und regnen über Gerechte und Ungerechte. Denn wenn ihr die liebt, die euch lieben, was erwartet ihr Besonderes dafür? Tut man das nicht auch unter denen, die Gott verachten? Und wenn ihr nur eure Brüder liebhabt, was liegt darin Besonderes? Tun das nicht auch die Gottlosen?

Nein, seid vollkommen, wie auch Gott, der unsichtbar in dieser Welt herrscht, vollkommen ist. – (Es ist auch möglich, das letzte Wort so zu verstehen: Seid in euch selbst ganz und ungespalten, wie Gott ganz Gott und in sich einer ist.)

Matthäus 5,43–48

Tut Gutes nicht vor den Menschen, um von ihnen gesehen zu werden. Es könnte sein, daß ihr die Anerkennung der Menschen empfangt, Gott aber euch seinen Lohn entzieht.

Wenn du ein Opfer gibst für Menschen, die in Not sind, dann sollst du das nicht hinausposaunen, wie es die frommen Heuchler in der Öffentlichkeit mit ihren Spenden tun, damit Gott es merkt und die Menschen es besprechen. Ich sage euch: Sie haben ihren Lohn gehabt. Wenn du ein Opfer gibst, dann sorge dafür, daß deine linke Hand nicht weiß, was die rechte tut, damit dein Opfer in der Verborgenheit geschieht. Denn dein Vater sieht ins Verborgene und hat seinen Lohn für dich bereit.

Matthäus 6,1–4

Eindeutigkeit

Geschichten über das Geld und das Verhältnis zum Staat und ein Gleichnis über die Selbstverständlichkeit des Liebens.

Dann erzählte er ihnen eine Geschichte: Ein reicher Mann hatte eben eine gute Ernte eingebracht. Nun überlegte er: Was soll ich tun? Ich habe nicht genug Lagerraum für meine Frucht. Ich weiß, was ich tue: Ich reiße alle meine Scheunen ab und baue größere, und in ihnen sammle ich meinen ganzen Weizen und alle meine Güter. Dann sage ich zu mir selbst: Nun hast du einen Vorrat für viele Jahre. Laß dir's wohl sein, iß, trink und sei fröhlich. Aber Gott sprach zu ihm: Du Tor, in dieser Nacht wird man dein Leben von dir nehmen. Wem wird dann dein Vorrat gehören? So endet, wer Schätze aufhäuft und in Wirklichkeit arm bleibt, weil er den Reichtum nicht sucht, den Gott geben will.

Lukas 12,16–21

Einmal erzählte er den Jüngern folgende Geschichte: Ein Großgrundbesitzer hatte einen Verwalter. Über den wurde ihm berichtet, er veruntreue ihm sein Vermögen. Er ließ ihn kommen: Ich höre böse Dinge über dich! Lege deine Kasse und deine Bücher zur Prüfung vor, denn du kannst deinen Posten nicht behalten. Da überlegte der Verwalter hin und her: Was tun? Meine Stellung habe ich verloren. Graben kann ich nicht. Betteln mag ich nicht. Ich weiß es! Ich habe noch eine Möglichkeit: ich muß erreichen, daß ich, wenn ich entlassen bin, Freunde habe, die mich in ihre Häuser nehmen.

Und er rief alle Pächter einzeln zu sich. Als der erste kam, fragte er ihn: Wie hoch ist die Pacht, die du bezahlen mußt? Der sagte: Hundert Faß Öl. Da antwortete der Verwalter: Hier! Nimm deinen Pachtvertrag! Wir schließen einen neuen über fünfzig Faß ab! Danach kam der zweite. Wie hoch ist deine Pacht? fragte er ihn. Hundert Sack Weizen, war die Antwort. Gut, fuhr er fort, nimm deinen Vertrag! Wir schließen einen neuen ab über achtzig. Als der Besitzer davon erfuhr, lobte er den Verwalter trotz aller Betrügereien, denn er war klug. (Er hatte seine letzte Chance genützt.) Denn die Kinder dieser Welt handeln klüger gegen ihresgleichen als die Kinder des Lichts.

Ich rate euch: Wenn euch schon Geld anvertraut ist (an dem das Unrecht klebt und das unzuverlässig ist und vergänglich), dann macht euch (wenigstens) Freunde damit! Gebt es weg! Denn es geht ja doch zu Ende mit ihm, und eure Chance ist, daß ihr in

letzter Stunde vorsorgt für das Leben in der kommenden Welt!
Lukas 16,1–9

Ihr sollt keine Reichtümer sammeln in diesem Leben. Mottenfraß und Holzwurm sind ihr Ende. Diebe graben danach und rauben sie. Sammelt euch einen Besitz bei Gott, wo ihn weder Motte noch Wurmfraß zerstört und keine Diebe nachgraben, um ihn zu stehlen. Denn wo dein Schatz ist, da ist dein Herz.

Niemand kann zwei Herren dienen. Er wird dem einen sein Herz verweigern und es dem anderen schenken, er wird sich um den einen bemühen und den anderen vernachlässigen. Ihr könnt nicht Gott dienen und dem Geist des Geldes zugleich.
Matthäus 6,19–21.24

Eines Tages kamen die Pharisäer wieder zu einer Besprechung zusammen, um sich zu überlegen, wie sie Jesus in der Diskussion eine Falle stellen könnten. Schließlich beauftragten sie einige unter ihren Anhängern (die dem römischen Staat feindlich gesinnt waren) zusammen mit einigen Parteigängern des Herodes (die den römischen Staat unterstützten) und fragten ihn (seiner politischen Einstellung wegen): Meister, wir wissen, daß du kein Unrecht willst und genau das lehrst, was Gott befohlen hat. Du läßt dich durch Meinungen nicht beeindrucken und redest niemandem nach dem Munde. Sage uns, wie du darüber denkst: Ist es richtig, daß man dem römischen Staat Steuern zahlt? Ist es falsch? (Antwortete Jesus nun: Es ist richtig, dann verlor er die national Gesinnten. Antwortete er: Es ist falsch, konnte man ihn bei den Römern anzeigen.)

Jesus verstand. Er hörte die Unredlichkeit leicht heraus: Was soll diese Falle, ihr Lügner? Zeigt mir die Münze, die man dem Kaiser zahlt. Sie brachten ihm eine Münze, und er fragte sie: Was für ein Kopf ist darauf? Was sagt die Inschrift? Der Kopf des Kaisers, erklärten sie, sein Name steht dabei. Da wies Jesus sie an: Dann gebt dem Kaiser, was dem Kaiser gehört, und gebt Gott, was Gott gehört. Als sie das hörten, wunderten sie sich, ließen ihn stehen und gingen davon.
Matthäus 22,16–22

Einmal stand während eines Gesprächs ein Schriftgelehrter auf, wollte ihm eine Falle stellen und fragte: Meister, was muß ich tun, daß Gott mir ewiges Leben gibt? Jesus entgegnete: Was steht in den Büchern des Gesetzes? Was liest du dort? Jener antwortete: „Du sollst Gott, deinen Herrn, lieben aus ganzem Herzen und ganzer Seele, mit ganzer Kraft und mit allen deinen Gedanken – und deinen

Mitmenschen wie dich selbst." Jesus bestätigte: Du hast richtig geantwortet. Tu das, so wirst du leben. Er aber wollte seine (scheinbar allzu einfältige) Frage noch einmal begründen und fragte weiter: Wer ist denn mein Mitmensch? Da nahm Jesus die Frage auf und erzählte die folgende Geschichte:

Ein Mann ging von Jerusalem nach Jericho hinab durch die judäische Wüste und wurde von Räubern überfallen. Die zogen ihn aus, schlugen ihn zusammen, gingen davon und ließen ihn halbtot liegen. Zufällig kam ein Priester denselben Weg. Als er ihn sah, wich er auf die gegenüberliegende Seite aus und ging vorbei. Ebenso ein Kirchendiener: Als er an die Stelle kam und ihn sah, wich er aus und ging vorbei. Ein Samariter indessen, ein Ungläubiger, der auf der Reise dorthin kam und ihn sah, kümmerte sich um ihn, ging zu ihm hin, verband seine Wunden und goß Öl und Wein darüber. Dann setzte er ihn auf sein Lasttier, führte ihn in ein Gasthaus und sorgte für ihn. Am anderen Tage zog er ein paar Mark heraus, gab sie dem Wirt und fügte hinzu: Sorge für ihn, und wenn du seinetwegen weitere Auslagen hast, will ich sie dir ersetzen, wenn ich wieder vorbeikomme.

Was meinst du: Wer von den dreien ist dem von den Räubern Überfallenen ein Mitmensch geworden? Er antwortete: Der sich um ihn gekümmert hat. Da sagte ihm Jesus: Geh und tu, was dem in deinem Leben entspricht.

Lukas 10,25–37

Ihr sollt nicht meinen, ich sei gekommen, Gottes Ordnungen aufzulösen, die im Gesetz niedergelegt sind, oder seinen Willen aufzuheben, den er den Propheten gezeigt hat. Ich bin nicht gekommen, Gottes Willen und Plan zu beseitigen, sondern ihn zu erfüllen. Denn was ich sage, das gilt: Solange eine Welt steht und ein Himmel, in dem Gott herrscht, wird von Gottes Willen und Ordnung kein Buchstabe abgestrichen werden. Wer nur irgendeine noch so unscheinbare Ordnung, die Gott gestiftet hat, überholt nennt und diese Meinung unter den Menschen verbreitet, wird im Reiche Gottes keine Ehre empfangen. Wer sich dagegen nach diesen göttlichen Ordnungen richtet und den Menschen hilft dasselbe zu tun, wird im Reich Gottes unter den Großen sein.

Ich sage euch: Wenn ihr auf Gottes Willen und Plan nicht sorgfältiger achtet und mit willigerem Herzen als die Schriftgelehrten (die Tag und Nacht forschen) und die Pharisäer (die bei jedem Schritt fragen, ob es recht sei, was sie tun), habt ihr keinen Zugang zu Gottes himmlischem Reich.

Matthäus 5,17–20

Tun, was Gott tut

Wenn Jesus gefragt wird, wie ein Mensch handeln sollte, dann stellt er immer wieder als Maß auf, wie Gott handelt: Schaut hin, wie Gott wirkt, und übt es auf eure kleine menschliche Weise ein.

Petrus wandte sich an Jesus: Herr, wie oft darf mein Bruder mir Unrecht tun, bis ich ihm nicht mehr zu verzeihen brauche? Ist siebenmal genug? Ich sage dir, antwortete Jesus, nicht siebenmal, sondern siebzigmal siebenmal.

Denn es geht bei Gott zu wie bei einem König, der mit den Verwaltern seiner Güter abrechnen wollte. Kaum hatte die Abrechnung begonnen, da brachte man ihm einen, der zehntausend Zentner Silber schuldig geblieben war. Da er sie nicht zahlen konnte, befahl der König, man solle den Schuldner verkaufen, dazu seine Frau, seine Kinder und sein gesamtes Eigentum als Ausgleich für seine Schuld. Da warf sich der Mann auf die Knie und bat: Habe Geduld mit mir, ich will dir alles bezahlen. Da tat er dem König leid, und er gab ihn frei und erließ ihm darüber hinaus seine ganze Schuld. Kurz danach ging eben dieser Verwalter aus dem Saal und begegnete draußen einem seiner Kollegen, der ihm hundert Mark schuldig war. Er griff zu, würgte ihn und fuhr ihn an: Bezahle, was du schuldig bist! Da flehte der Kollege: Habe Geduld mit mir, ich will dir alles bezahlen. Er aber wollte nicht, sondern ging und ließ ihn ins Gefängnis werfen, bis er die Schuld bezahlen würde.

Als die übrigen Verwalter das sahen, waren sie entsetzt und berichteten ihrem Herrn, was sich zugetragen hatte. Da ließ der ihn kommen und sagte zu ihm: Du übler Bursche, deine Riesenschuld habe ich dir erlassen, weil du mich gebeten hast. War es nun nicht deine selbstverständliche Pflicht, mit deinem Kollegen so barmherzig umzugehen wie ich mit dir? Danach übergab er ihn in seinem Zorn den Folterknechten und hieß ihn erst wieder freizulassen, wenn er alles bezahlt haben würde, was er schuldig war.

Mein Vater im Himmel aber wird auch euch nicht von eurer Schuld freisprechen, wenn ihr nicht, ein jeder seinem Bruder, verzeiht, und zwar von Herzen.

Matthäus 18,21–35

Richtet nicht andere, so werdet auch ihr nicht gerichtet. Verurteilt sie nicht, so werdet auch ihr nicht verurteilt. Laßt eure Schuldner frei, so wird man euch Freiheit geben. Gebt weiter, was ihr besitzt, so wird man euch geben: ein gutes, gedrücktes, gerütteltes und überfließendes Maß wird man euch in den Schoß schütten, denn mit eben dem Maß, mit dem ihr andere meßt, wird man euch selber messen.

Er sprach auch in Bildern und Sprüchen mit ihnen: Kann wohl ein Blinder einem Blinden den Weg zeigen? Werden nicht beide gemeinsam in die Grube fallen? Oder: Der Lernende ist nicht überlegen dem Lehrer; wenn er alles gelernt hat, wird er sein wie sein Meister. Oder: Was starrst du auf den Splitter, der im Auge deines Bruders steckt, und bemerkst nicht den Balken in deinem eigenen Auge? Wie kannst du zu deinem Bruder sagen: Halte still, Bruder! Ich will den Splitter aus deinem Auge ziehen, während du den Balken im eigenen Auge übersiehst? Du Heuchler! Zieh erst den Balken aus deinem Auge und sieh dann zu, wie du den Splitter aus deines Bruders Auge entfernst.
Lukas 6,37–42

Der Blick in die Zukunft

Die Zukunft, von der Jesus spricht, erscheint auf zwei Ebenen: Es ist einerseits die Zukunft, die dem Menschen bevorsteht, wenn er stirbt. Es ist andererseits die Zukunft, die der Welt bevorsteht, wenn Gott sie an das Ende ihrer Geschichte führen wird.

Beide Weisen, die Zukunft ernstzunehmen, fordern von den Menschen die gleiche Einstellung: den Glauben nämlich an den, der ihnen begegnen wird, und die Wachheit, jederzeit zu dieser Begegnung bereit zu sein.

Einmal traten die Pharisäer und die Sadduzäer (die sich sonst befehden) Jesus gemeinsam entgegen mit der Absicht, ihm eine Falle zu stellen. Laß ein Wunder vom Himmel sehen! forderten sie ihn auf, ein Zeichen, an dem wir sehen, daß Gott auf deiner Seite ist!

Er aber fragte dagegen: Wozu? Ihr habt doch Augen! Am Abend sagt ihr: Es wird ein schöner Tag werden, denn der Himmel ist rot. Am Morgen: Es wird regnen, denn der Himmel ist rot und trübe. Aus den Zeichen am Himmel zieht ihr eure Schlüsse, für die Zeichen der Stunde, in der Gott kommt, seid ihr blind. Nur wer blind ist, weil seine Bosheit und seine Gottlosigkeit ihm den Blick verstellen, sucht ein besonderes Zeichen, ein Wunder vom Himmel. Aber gerade er wird es nicht bekommen. Vielleicht aber gibt ihm Gott ein Zeichen wie dem Propheten Jona! (gleichsam ein Zeichen aus der Hölle, an dem er wie Jona in seiner Verzweiflung seinen eigenen Ungehorsam zu Gesicht bekommt). Und Jesus ließ sie stehen und ging weg.

Matthäus 16,1–4

Und er wanderte durch Städte und Dörfer und redete zu den Menschen. Einmal fragte ihn einer: Herr, sind es wenige, die in das kommende Reich Gottes aufgenommen werden? Er erwiderte: Viele oder wenige! Wichtig ist, daß ihr selbst euch müht, durch die enge Tür zu gelangen, denn viele, das sage ich euch, werden am Ende eintreten wollen, und es wird ihnen nicht gelingen.

Von einem bestimmten Zeitpunkt an wird der Hausherr die Tür schließen. Dann werdet ihr draußen stehen und anfangen, gegen die Tür zu hämmern: Herr, mach auf! Und er wird antworten: Ich weiß nicht, wo ihr herkommt! Dann werdet ihr rufen: Wir haben doch mit dir gegessen und getrunken und haben dir zugehört, als du auf den Straßen zu uns sprachst! Und er wird sagen: Ich weiß nicht, woher ihr kommt. Weg von mir! Hinaus, ihr Übeltäter! Da wird Jammer herrschen, Verzweiflung und Verbitterung. Da werdet ihr sehen, wie Abraham, Isaak und Jakob und alle die Gottesmänner der alten Zeit im festlichen Hause Gottes geborgen sind, ihr aber in die Fremde verstoßen seid. Und die anderen, die ihr Gottlose nennt und Heiden, werden kommen von Osten und Westen, von Norden und Süden und Geborgenheit und Freude finden unter Gottes Herrschaft. Denn viele, die sich in letzter Stunde für mich entscheiden, werden als erste in Gottes Lichtwelt sein, und viele, die als erste zu mir kamen, werden am Ende den weitesten Weg haben.

Lukas 13,22–30

Wenn Gott dann seine Herrschaft aufrichtet, wird es euch ergehen wie zehn jungen Mädchen, die als Brautjungfern zu einer Hochzeit geladen waren. (Am Abend sollte das Fest beginnen.) So nahmen sie Lampen mit (kleine Gefäße mit Öl, aus denen ein Docht hervorstand, um den Saal zu schmücken, wenn der Bräutigam kommen würde) und gingen ihm entgegen. Fünf von ihnen hatten ihre Gedanken bei der Sache, fünf nicht. Die Gedankenlosen unter ihnen nahmen zwar ihre Lampen mit, aber kein zusätzliches Öl. Die anderen, die bei der Sache waren, nahmen außer ihren Lampen Öl in ihren Kannen mit. Als nun der Bräutigam einige Stunden ausblieb, wurden sie alle müde und schliefen ein. Mitten in der Nacht aber gab es plötzlich ein Geschrei: Er kommt! Der Bräutigam ist da! Auf! Ihm entgegen! Da standen die Mädchen alle auf und schmückten ihre Lampen. Die Törichten aber wandten sich an die Klugen und baten: Gebt uns von eurem Öl, unsere Lampen verlöschen. Die anderen wehrten sich: Das hat keinen Sinn! Dann ist es für uns alle zu wenig! Lauft und holt euch Öl beim Händler! Während die fünf unterwegs waren, um Öl zu holen, kam der Bräutigam. Die bereit waren, gingen mit ihm in den Festsaal, und die Tür wurde verschlossen. Später kamen auch die anderen fünf Mädchen und riefen: Herr! Herr! Mach auf! Er aber gab die Antwort: Ich weiß nicht, wer ihr seid! Ich kenne euch nicht.

Darum seid wach! Ihr wißt weder Tag noch Stunde.

Matthäus 25,1–13

Wenn aber der Herrscher der himmlischen Welt kommen wird in der strahlenden Fülle seiner Macht und alle seine Engel mit ihm, dann wird er sich auf den Thron setzen, der in der Herrschaft über Himmel und Erde besteht. Dann werden sich vor ihm alle Völker versammeln, und er wird sie voneinander trennen, wie der Hirte, der tagsüber die Schafe und die Böcke weidet, sie am Abend trennt und die Schafe auf seiner Rechten sammelt, die Böcke auf seiner Linken.

Dann wird der Herrscher denen zu seiner Rechten sagen: Kommt her, ihr, die mein Vater gesegnet hat. Nehmt den Anteil an der himmlischen Herrschaft, der für euch vorgesehen ist, seit der Grund dieser Welt gelegt wurde. Denn ich war hungrig, und ihr habt mir zu essen gegeben. Ich war durstig, und ihr habt mich getränkt. Ich war in der Fremde, und ihr habt mich aufgenommen. Ich war nackt, und ihr habt mich gekleidet. Ich war krank, und ihr habt mich besucht. Ich war im Gefängnis, und ihr seid zu mir gekommen.

Dann werden die zur Rechten ihn verwundert fragen: Herr, wann sahen wir dich hungrig und haben dich gespeist oder durstig und haben dich getränkt oder als Fremdling und haben dich aufgenommen oder nackt und haben dich bekleidet? Wann sahen wir dich krank oder gefangen und sind zu dir gekommen?

Dann wird ihnen der König antworten: Dies ist wahr und gilt: Was ihr einem unter meinen geringsten Brüdern getan habt, das habt ihr mir getan.

Dann wird er zu denen zu seiner Linken sagen: Geht weg von mir, ihr

Verfluchten, in das ewige Feuer, das für den Teufel und seine Helfer vorbereitet ist. Denn ich war hungrig, und ihr habt mich nicht gespeist. Ich war durstig, und ihr habt mich nicht getränkt. Ich war ein Fremdling, und ihr habt mich von eurer Tür gewiesen. Ich war nackt, und ihr habt mich nicht bekleidet. Ich war krank und im Gefängnis, und ihr habt mich nicht besucht.

Dann werden auch sie fragen: Herr, wann sahen wir dich hungrig oder durstig oder als Fremdling oder nackt oder krank oder im Gefängnis und haben dir nicht gedient?

Dann wird er ihnen antworten: Dies ist wahr: Was ihr einem unter meinen geringsten Brüdern verweigert habt, das habt ihr mir verweigert. Und sie werden in die ewige Verzweiflung stürzen, die Gerechten aber in das ewige Leben gehen.

Matthäus 25,31–46

An diesem Tage kamen auch Sadduzäer, die nicht an eine Auferstehung nach dem Tode glaubten, und fragten: Meister, Mose hat geschrieben, folgende Regel solle gelten: Wenn einer stirbt und eine kinderlose Frau hinterläßt dann soll sein Bruder die Frau neben seiner eigenen zusätzlich heiraten, damit sie Kinder bekommt. Die Kinder sollen dann als Kinder des Verstorbenen gelten, damit dessen Familie nicht ausstirbt. Nun stelle dir vor: Da waren sieben Brüder. Der erste heiratete und starb kinderlos. Der zweite nahm die Frau zu sich und starb auch, ohne Kinder zu hinterlassen. Der dritte und der vierte und schließlich alle sieben nahmen sie. Sie starben alle, ohne daß die Frau ein Kind bekam. Zuletzt starb die Frau auch. Wenn sie nun alle aus dem Tode wieder lebendig werden, mit wem wird sie dann verheiratet sein, alle sieben haben sie ja gehabt? (Der Sinn der Geschichte soll sein: Du siehst, wie unsinnig es ist, von einer Auferstehung der Toten zu sprechen!)

Da antwortete ihnen Jesus: Ihr redet Unsinn, denn ihr wißt nicht, was die Heilige Schrift sagt, und versteht nichts von Gottes schöpferischer Kraft. Wenn sie auferstehen, heiraten sie nicht und werden nicht geheiratet. Sie sind ausschließlich Gott selbst zugewandt wie die Engel. Was aber die Auferstehung der Toten überhaupt betrifft – habt ihr nie begriffen, was über Gott in der Heiligen Schrift gesagt ist, der spricht: „Ich bin der Gott Abrahams, Isaaks und Jakobs"? Gott ist aber kein Gott der Leichname, sondern ein Herrscher über lebendige Wesen.

Als die Menschen das hörten, erschraken sie über sein Wort.

Matthäus 22,23–33

Vertrauen und Sorglosigkeit

Wenn das gilt, was Jesus über Gott und über sein Reich sagt, dann wird der Mensch folgerichtig täglich das Gespräch mit dem Vater der Menschen suchen, und er wird sein Geschick, seine Angst und Sorge ihm in die Hände legen.

Man hat Jesus immer wieder für einen weltfremden Träumer gehalten. Was er sagt, ist aber nur die Konsequenz aus der Tatsache, daß für ihn Gott keine leere Formel ist, sondern die dichteste Wirklichkeit überhaupt.

Es ist nötig, daß ihr betet, und zwar zu jeder Stunde, und darin nicht müde werdet, sagte Jesus und erzählte die folgende Geschichte:

In einer Stadt lebte ein Richter, der sich um Gott nicht scherte und von den Menschen nichts hielt. In derselben Stadt lebte auch eine Witwe, die kam zu ihm und bat ihn: Hilf mir! Verschaffe mir mein Recht gegen meinen Prozeßgegner! Er wollte aber lange nicht. Schließlich sagte er sich: Ich halte zwar nichts von Gott (und auch nichts von einer sogenannten Gerechtigkeit), mich interessieren auch die Leute nicht, aber diese Witwe macht mir so viel Ärger mit ihrem Geschrei, es ist das Beste, ich verschaffe ihr ihr Recht – sie kommt am Ende noch und wird handgreiflich!

Und Jesus fügte hinzu: Hört gut zu, was dieser Richter sagt, dem am Recht doch so wenig gelegen ist! Und wenn schon ein solcher Mensch schließlich bereit ist, dem Recht Geltung zu verschaffen, meint ihr nicht, Gott werde denen zu ihrem Recht helfen, die er liebt und die zu ihm rufen Tag und Nacht, auch wenn es sich mit seiner Hilfe lange hinzieht? Ich sage euch: Er wird ihnen ihr Recht verschaffen, und zwar bald.

Lukas 18,1–8

Bittet Gott, und er wird euch geben. Sucht, so werdet ihr finden. Klopft an, er wird euch auftun. Wer bittet, wird empfangen. Wer sucht, wird finden. Wer anklopft, dem wird Gott eine Tür öffnen.

Wer ist unter euch, der seinem Sohn einen Stein reicht, wenn er ihn um Brot bittet, oder eine Schlange bietet, wenn das Kind um einen Fisch bat? Wenn aber ihr in eurer Armut und Bosheit euren Kindern die Gaben zu geben wißt, die sie brauchen, sollte Gott nicht denen Gutes geben, die ihn bitten?

Matthäus 7,7–11

Wenn ihr betet, sollt ihr keine Schau daraus machen wie die Heuchler, die in den Gottesdiensten oder an den Straßenecken vor den Menschen fromm tun. Ich sage euch: Sie haben ihren Lohn gehabt. Wenn du betest, dann rede mit Gott. Geh in deine Kammer und

schließ die Tür zu und bete zu deinem Vater im Verborgenen. Denn dein Vater sieht in das Verborgene und hat seinen Lohn für dich bereit.
Matthäus 6,5f.

Eines Tages, als er sich zum Gebet zurückgezogen hatte und danach wiederkam, bat ihn einer von seinen Mitarbeitern: Herr, gib uns ein Gebet, das wir immer beten können. Auch Johannes hat ja seinen Schülern ein Gebet gegeben! Da erfüllte ihnen Jesus die Bitte. Wenn ihr beten wollt, sprecht:

Vater unser im Himmel! Geheiligt werde dein Name. Dein Reich komme. Dein Wille geschehe, wie im Himmel so auf Erden.

Unser tägliches Brot gib uns heute. Und vergib uns unsere Schuld, wie auch wir vergeben unsern Schuldigern. Und führe uns nicht in Versuchung, sondern erlöse uns von dem Bösen.

Lukas 11,1f.; Matthäus 6,9–13

Deshalb sage ich euch: Zerquält euch nicht in eurem Herzen, was ihr essen und trinken und womit ihr euch kleiden sollt. Das Leben, das Gott gab, ist mehr als die Nahrung, die ihr braucht, und der Leib, den er erhält, ist mehr als die Kleidung.

Seht die Vögel unter dem Himmel an! Sie säen nicht. Sie ernten nicht. Sie sammeln keine Vorräte in Scheunen. Euer Vater im Himmel ist es, der sie ernährt. Seid ihr nicht viel kostbarer als sie? Und was sollen die Sorgen nützen? Wer verlängert mit seinen Sorgen die Zeit seines Lebens auch nur um eine Elle? Und wozu sorgt ihr euch um Kleider? Lernt bei den Lilien auf dem Feld und seht zu, wie sie wachsen. Sie mühen sich nicht. Sie spinnen nicht. Ich sage euch: Nicht einmal Salomo in all seiner Pracht war gekleidet wie irgendeine von ihnen. Wenn aber Gott das Gras – das heute steht und morgen ins Feuer fällt – so kostbar kleidet, wird er nicht viel mehr für euch sorgen, ihr Anfänger im Glauben?

Deshalb sollt ihr euch nicht in der Sorge verzehren: Was essen? Was trinken? Was anziehen? Um all das kreisen die Gedanken derer, die von Gott nichts wissen. Denn euer Vater im Himmel weiß, daß ihr das alles braucht. Setzt euch für die Herrschaft Gottes ein und für die Gerechtigkeit, die er will. Das übrige wird euch zufallen. Quält euch nicht um den kommenden Tag. Es genügt, daß ihr euch morgen um ihn kümmert. Es ist genug, daß jeder Tag seine eigene Mühe hat.

Matthäus 6,25–34

Wer nun hört, was ich sage, und danach lebt, ist klug wie ein Mann, der sein Haus auf einen Felsen baute.

Nun fiel ein Regen, die Ströme überfluteten das Land, die Stürme brachen herein und stießen an das Haus, da stürzte es nicht ein, denn es war auf den Felsen gegründet.

Wer aber hört, was ich sage, und es nicht tut, der ist töricht wie ein Mann, der sein Haus auf Sand setzte.

Nun fiel ein Regen, die Ströme überfluteten das Land, die Stürme brachen herein und stießen an das Haus, da brach es zusammen in gewaltigem Sturz.

Als Jesus diese Rede beendet hatte, erschrak das Volk über seine Worte, denn er redete mit Vollmacht und nicht wie die Schriftgelehrten.

Matthäus 7,24–29